BEI GRIN MACHT SICH IHR WISSEN BEZAHLT

AF168196

- Wir veröffentlichen Ihre Hausarbeit,
  Bachelor- und Masterarbeit

- Ihr eigenes eBook und Buch -
  weltweit in allen wichtigen Shops

- Verdienen Sie an jedem Verkauf

Jetzt bei www.GRIN.com hochladen und kostenlos publizieren

Bibliografische Information der Deutschen Nationalbibliothek:

Die Deutsche Bibliothek verzeichnet diese Publikation in der Deutschen National-bibliografie; detaillierte bibliografische Daten sind im Internet über http://dnb.d-nb.de/ abrufbar.

Impressum:

Copyright © 2018 GRIN Verlag
Druck und Bindung: Books on Demand GmbH, Norderstedt Germany
ISBN: 9783346160553

Dieses Buch bei GRIN:

https://www.grin.com/document/542505

Marie Albrecht

Selbstmanagement am Beispiel des Präsentierens. Teilnehmeranalyse, Ziel und Konzept einer erfolgreichen Präsentation

GRIN Verlag

GRIN - Your knowledge has value

Der GRIN Verlag publiziert seit 1998 wissenschaftliche Arbeiten von Studenten, Hochschullehrern und anderen Akademikern als eBook und gedrucktes Buch. Die Verlagswebsite www.grin.com ist die ideale Plattform zur Veröffentlichung von Hausarbeiten, Abschlussarbeiten, wissenschaftlichen Aufsätzen, Dissertationen und Fachbüchern.

Einsendearbeit

Modul: Selbstmanagement

Versendet zum Prüfen am: 20.02.2018

SRH Fernhochschule Riedlingen

Studiengang: Gesundheitsmanagement

Von

Name: Marie Albrecht

Inhaltsverzeichnis

AUFGABE (3)

(3a) Die Teilnehmeranalyse einer Präsentation:
Unterschiedliche Teilnehmergruppen brauchen eine individuelle Ansprache, die sich nach der spezifische Erwartungshaltung des Publikums richten sollte. Diese sollen wir als Vortragende durch gute Teilnehmeranalyse, so gut wie möglich, vorab durchführen um die Präsentation im Inhalt und Ablauf an die Zuhörer anzupassen. Je stärker der Redner auf das Publikum und dessen Erwartungshaltung geht, desto wahrscheinlicher erreicht die Botschaft die Zuhörer. Vorinformation über die Umwelt des zu erwartenden Publikums helfen beim Festlegen der Ziele der Präsentation. Gleichzeitig erhöht eine präzise Teilnehmeranalyse das Vortragsniveau, die Möglichkeit schlagfertige Nutzerargumentation zu entwickeln, sowie das richtige Vokabular und Kriterien zur passenden Wahl der Medien. Die entscheidende Frage ist: Was ist aus der Sicht des Kunden interessant und wichtig? Wie sehen seine Erwartungen und Bedürfnisse aus?

Was ist wichtig (nach Möglichkeiten) über der Teilnehmergruppe zu wissen:

- Anzahl der Zuhörer, Alter, Ressort, Kompetenz, Hierarchie
- Situation und Motivation der Zuhörer
- Interesse und Bedürfnisse der Zuhörer
- Einstellung und Erwartungshaltung der Zuhörer

Wie gewinne ich Kundeninformationen:
- Telefonische Befragung
- Persönliche Befragung
- Online – Recherche
- Ergänzende Wege (Presseartikel, Markt- und Wettbewerbsanalyse, Unternehmen- Flyer)

Manchmal ist es schwierig oder sogar unmöglich vorab Kundeninformationen aus erster Hand zu bekommen. In dieser Situation bietet sich ein Gespräch mit Teilnehmern unmittelbar vor der Präsentation an, um zumindest die Vorkenntnisse und spezielle Erwartungen zu erfahren oder während der Präsentation selbst. In diesen Fall ist es ratsam den monologischen Anteil des Vortrags zu begrenzen und früh in den Dialog zu gehen. Bei meiner Zuhörergruppe handelt es sich um ein Publikum, das homogen hinsichtlich Motivation und Interesse ist (...zukünftige

Führungskräfte „High Potentials"...), gleichzeitig aber heterogen was Alter und Berufserfahrung angeht (....das Alter liegt zwischen 18 und 30 Jahren, die Berufserfahrung und der berufliche Hintergrund sind unterschiedlich...). Für meine Präsentation muss ich deshalb sinnvolle Methoden finden, mit denen ich trotzdem alle erreichen und begeistern kann.

(3b) Zielsetzung und Kernbotschaft meiner Präsentation

Mein sachliches Ziel ist: Kompetent und für alle verständlich ein Leitfaden zu vermitteln um eine perfekte Präsentation erstellen zu können.

Mein persönliches Ziel ist: Präsentation in eine angenehme, respektvolle und konstruktiven Atmosphäre durchzuführen.

Kernbotschaft meiner Präsentation: „Mit perfekter Präsentationstechnik zum Erfolg im Berufs- und Privatleben"

(3c) Konzept meiner Präsentation

Ausgangssituation: *Meine Aufgabe ist, eine 20 Minuten lange Präsentation zum Thema* **„Präsentationstechnik als Schlüsselkompetenz"** *zur erstellen, für eine Gruppe von ca. 20 angehenden Führungskräften in unterschiedlichen Alter und mit unterschiedlichem Berufserfahrung.*

Die Erstellung einer Präsentation ist ein Prozess der sich aus drei Phasen zusammensetzt
1. Vorbereitung der Präsentation
2. Durchführung der Präsentation
3. Nachbearbeitung der Präsentation
➡ *Zur diesem Thema wird bei der Präsentation eine PowerPoint Folie präsentiert*

1. VORBEREITUNG DER PRÄSENTATION

Diese Phase ist die Aufwändigste und nimmt oft Wochen bis zu Monaten Zeit in Anspruch, je nach Thema, Branche oder Dimension der gewünschten Präsentation. Mit der Vorbereitung für meine Präsentation habe ich ca. zwei Wochen vor dem geplanten Termin angefangen.

1.1 Problem Identifizieren

Viele verschenken die Chance, Ihre Ideen und Gedanken anderen wirksam mitzuteilen. Gute Ideen, ein neues Produkt oder die Notwendigkeit einer Maßnahme verkaufen sich fast nie von alleine! Es muss den Entscheidern schmackhaft gemacht werden. Oft gelingt es nicht, Kollegen und Mitarbeiter verständlich und nachhaltig anzusprechen oder die Ideen wirkungsvoll zu präsentieren. Dies ist schade und lässt sich einfach vermeiden, wenn man sich ein paar Grundregeln der Präsentation und Rhetorik aneignet. Doch wie gelingt diese so, dass die Zuschauer informiert und noch besser auch überzeugt werden? Erforderlich ist dazu eine packende und überzeugende Präsentation. Meine Präsentation hat deshalb den Überschrift: *„wichtig ist RICHTIG zu präsentieren!"*

1.2. Ziele der Präsentation setzen

Das Ziel lässt sich definieren als Verringerung oder Beseitigung des Ausgangsproblems. Bei der Bestimmung der Ziele sollte nicht aus der Acht gelassen werden, dass alle gesetzten Kommunikationsziele nach den bekannten Regeln auch hier **SMART** (Simple, Messbar, Anspruchsvoll, Realistisch, Terminiert) seien sollen[1].

Je nach Fall kann es notwendig sein, die Zieldimensionen weiter zu konkretisieren. Bei meiner Präsentation setze ich mir zwei Arten von Zielen, und zwar **Sachliche** und **Persönliche** Ziele.

Sachliche Ziele

- Informationen verständlich und nachhaltig zu vermitteln
- Interesse und Verständnis wecken
- Zuhörer zu überzeugen
- Das Bewusstsein für bestimmte Problemstellung zu fokussieren
- Wünsche und Vorgaben des Auftraggebers zur erfüllen
- Neue Informationen sollen für die Teilnehmer eine willkommene Bereicherung sein

Persönliche Ziele

- Die eigene Kompetenz zu demonstrieren und damit überzeugen
- Die Freude und Fähigkeiten des Präsentierens zu zeigen
- Angenehme und respektvolle Atmosphäre schaffen
- Sympathie des Publikums zu gewinnen
- Empfehlungen an weitere Kunden durch Auftraggeber erreichen
- *Zur diesem Thema wird bei der Präsentation eine PowerPoint Folie präsentiert*

1.3. Teilnehmeranalyse

Zuhöreranalyse schafft die Voraussetzungen für eine publikumsorientierte, erfolgsversprechende Präsentationsstrategie.

---

[1] Vgl. Arenberg, P.: Studienbrief, Kreativitäts- und Präsentationstechniken 0246-04, S.46

Wie schon gesagt handelt es sich bei meine Teilnehmergruppe um ein Publikum, das homogen im Hinblick auf Motivation und Interesse ist (...zukünftige Führungskräfte „High Potentials"...), gleichzeitig aber heterogen was Alter und Berufserfahrung angeht (....das Alter liegt zwischen 18 und 30 Jahren, die Berufserfahrung und der berufliche Hintergrund sind unterschiedlich...). Da es sich um Leitfaden zur Erstellung eine allgemeine Präsentation handelt, sind die heterogenen Aspekte fast irrelevant.

Es ist davon auszugehen, dass alle Teilnehmer der Präsentation sich vermutlich freiwillig und höchst interessiert zur meinem Vortrag angemeldet haben. Gleichzeitig können wir vermuten, dass Zuhörer, die vor sich eine ähnliche Karriere als Führungskraft haben, sich mit dem Thema, einer optimalen und überzeugenden Präsentation, befasst und die Wichtigkeit dieser Kommunikationsquelle erkannt haben. Sie werden also mit ungefähr gleicher Erwartung zur meinem Vortrag kommen, auch wenn das Alter und Berufserfahrung unterschiedlich sind. Am Ende meiner Präsentation werden wahrscheinlich alle Zuhörer ein universales „Rezept" mitnehmen wollen, nach dem sie eine packende und überzeugende Präsentation erstellen und durchführen können und, mit welcher sie in der Zukunft mehr Erfolg im Berufs- und Privatleben verzeichnen werden. Sie werden erwarten, dass sie in der Lage versetzt werden, je nach Art der Präsentation und unabhängig von Thema oder Branche, eigene Mitarbeiter maximal zu motivieren, ein Führungsgremium mit neuen Ideen völlig zu überzeugen oder dem potentiellem Kunde das vorgestellte Produkt als Mittel der Wahl darstellen können.

Was ist über meiner konkreten Teilnehmergruppe bekannt oder was können wir vermuten

- Anzahl Zuhörer: ca. 20 Personen
- Alter: 18 – 30 Jahren
- Hierarchie der Zuhörer: Berufserfahrung und der berufliche Hintergrund sind unterschiedlich
- Situation der Zuhörer: alle zukünftige Führungskräfte
- Motivation der Zuhörer: neue, für Kariere wichtige Kompetenzen erlernen
- Bedürfnisse der Zuhörer: verständlich und nachhaltig die Erstellung einer Präsentation zu erlernen
- Erwartungshaltung der Zuhörer - Sachlich: kompletten Leitfaden zur Erstellung eine Präsentation mitnehmen

- Erwartungshaltung der Zuhörer – Allgemein: Anerkennung und Wertschätzung erfahren, sich bei mir in guten Händen fühlen, dass er seine Fragen und Bedenken einbringen kann, dass seine Wünsche und Bedürfnisse im Zentrum der Präsentation stehen.
- Nutzen für die Zuhörer: in der Zukunft mehr Erfolg in Berufs- und Privatleben

↓ *Zur diesem Thema wird bei der Präsentation eine PowerPoint Folie präsentiert*

1.4. Inhaltliche Vorbereitung

In diese Phase der Vorbereitung ist das Ziel, themenbezogene Informationen zu sammeln, die passenden Inhalte auszuwählen und zu gewichten. Zuerst ist es wichtig das Thema der Präsentation zu präzisieren, den gewählten Titel an die Gruppe zu optimieren, damit der Titel z.B. verständlich und motivierend ist. Es ist auch wichtig sich klar zu machen was in der verfügbaren Präsentationszeit überhaupt möglich ist, in meinem Fall sind es 20 Minuten. Für Inhaltliche Vorbereitung der Präsentation habe ich mir 4-6 Tage vorgeplant und zum Einstudieren dann weitere ca.2 Tage.

1.4.1. Inhalte Sammeln

In heutiger Zeit ist es nicht schwierig relevante Informationen zum Thema zu finden. Schwieriger ist es nichts Wichtiges zu übersehen und die Argumentation so vorzubereiten, dass die an die Teilnehmer ideal angepasst und somit auch absolut überzeugend sind. Mit Hilfe der W-Fragen (wer, was, wie, etc.) werde ich alle notwendige Informationen aus verschiedenen Kanälen sammeln.

1.4.2. Inhalte Selektieren und gewichten

Um überzeugende und relevante Argumente zu erstellen ist eine gute Selektion vom gesammelten Material wichtig. Als Hilfe für sinnvolle Selektion und Aufbereitung von Infomaterial zum gegebenen Thema, vor allem wenn es sich um ein komplexes Thema handelt, ist es hilfreich eine Spektrum Analyse mithilfe von **ETHOS** durchzuführen. **ETHOS** ist eine Planungsmatrix mit der das Thema und die dazugehörigen Informationen nach Sachbereichen (Economical, Technical, Human, Organizational, Sozial) aufzuschlüsseln werden.[2]

---

[2] Vgl.Thiele,A.:2000 S.54

Weiter ist es wichtig Inhalte die nach Sachbereich selektiert sind auch nach Relevanz und Bedeutung zu selektieren. Darüber hinaus ist es meistens noch notwendig, Menge und Niveau der Inhalte zu reduzieren und zu optimieren, um die Länge des Vortrages an die Anforderungen des Auftraggebers anzupassen.

➕ *Zur diesem Thema wird bei der Präsentation eine PowerPoint Folie präsentiert*

1.4.3. Fakten und Aussagen logisch zusammensetzen

Um die selektierte Fakten, Inhalte und Aussagen in logische Abschnitte gliedern zu können nehme ich die Pyramidenstruktur zur Hilfe, eine Methode nach **Barbara Minto**. Diese Methode ermöglicht dem Vortragenden die Präsentation in nachvollziehbaren Strukturen zu erstellen die für die Zuhörer mehr Verständlichkeit und Logik bietet[3] .

An zwei Beispielen möchte ich bei der Präsentation mit Zuhörern auf dem Flipchart je eine einfache logische-Kette und eine logische-Gruppe erstellen. Diese Übung sollte das Publikum einbinden und gleichzeitig mir ein Zwischenfeedback geben.

➕ *Zur diesem Thema werden bei der Präsentation zwei PowerPoint Folien präsentiert.*

➕ *Zur diesem Thema werde ich bei der Präsentation eine Übung auf dem Flipchart durchführen.*

1.4.4. Kundengerechte Argumente finden

Es ist nachgewiesen dass wir Menschen unterschiedlich lernen und damit auch unterschiedlich Informationen aufnehmen können. Dazu kommt, dass meine Publikum heterogen in Alter und Berufserfahrung sein wird, also muss ich meine Präsentation an alle anpassen. Sehr hilfreich ist in diesem Fall das **4-Mat-System**, das eine Synthese der Erkenntnisse von David Kolb und Bernice McCarthy darstellt. Es handelt sich um ein System, das die Menschen in Bezug auf das Lernen in vier Grundtypen einteilt:

* WARUM – Typ (etwa35% der Zuhörer) will wissen, warum das, was wir erzählen, gerade für Ihn wichtig ist.

---

[3] Vgl. Arenberg, P.: Studienbrief, Kreativitäts- und Präsentationstechniken 0246-04, S.40

- WAS – Typ (etwa 20% der Zuhörer) möchte die Sache gründlich erklärt bekommen. Wissenschaftler sind oft Was-Typen, sie brauchen Zahlen und Fakten.
- WIE – Typ (etwa 20% der Zuhörer) möchte wissen wie etwas geht. Am liebsten möchte so ein Typ alles gleich ausprobieren, deshalb sind für Ihn Übungen bei der Präsentation wichtig.
- WAS wäre WENN – Typ transformiert die Informationen in die Frage: was wäre wenn ich die neue Erkenntnisse wo anders einsetze[4]

Um alle Teilnehmer meiner Präsentation zu überzeugen, muss ich die Argumente entsprechend an alle „Lern-Typen" anpassen um alle damit erreichen zu können.

↓ *Zur diesem Thema wird bei der Präsentation eine PowerPoint Folie präsentiert*

1.5. Vortrag Rhetorisch Aufarbeiten

Mein Ziel ist die sachliche Informationen und Argumente an die Zuhörer verständlich, überzeugend und nachhaltig zu bringen. Dafür werde ich bewusst meine Präsentation nach den Wissenschaftlichen Erkenntnissen über Verständlichkeit von Friedemann Schulz von Thun gestalten. Nach seiner These teilt sich das Thema Verständlichkeit in vier sogenannten „Verständlichmacher" (Einfachheit, Gliederung / Ordnung, Kürze/ Prägnanz, Zusätzliche Stimulanz[5]) und die werde ich in meine Präsentation berücksichtigen, sowohl schriftlich wie auch mündlich.

↓ *Zur diesem Thema wird bei der Präsentation eine PowerPoint Folie präsentiert*

1.6. Präsentationsinhalte visualisieren – Medien-Mix Vorbereitung

Es ist wichtig für die anstehende Situation, Zielsetzung und Zuhörerkreis die geeigneten Medien zu finden und sie auch in der richtige Zeit an der richtigen Stelle anzusetzen. Im Grunde existieren klassische und moderne Medien zum Visualisieren einer Präsentation. Jedes Medium bringt sowohl Vorteile wie auch Nachteile. Diese soll der Präsentator sehr sorgfältig abwägen. Die klassischen Medien sind:

---

[4] https://kulturmanagement.wordpress.com/2008/04/28/die-frage-nach-dem-warum-mit-hilfe-des-4-mat-systems-beantworten
[5] Vgl. Schulz von Thun F. 1981, S.160-170

➢ **Flipchart** – wichtigste Dauermedium, Infos auf dem Flipchart können ohne Mühe verändert oder ergänzt werden, geeignet zur Erklärung von schwierigen Zusammenhängen, da gut nachvollziehbar (Schritt für Schritt erklärt...), Möglichkeit zu dem schon Erklärten zurück zu blättern,

➢ **Whiteboard Tafel** – als Dauermedium eine gute Zusatzmöglichkeit

➢ **Pin Wand** – als Dauermedium eine gute Zusatzmöglichkeit, Teilnehmer können aktiv sein

➢ **Overhead- und Diaprojektor** – gut für kurze Präsentationen geeignet, Folien müssen keine feste Reihenfolge haben, können auch vor Ort ergänzt oder optimiert werden.

Es gibt eine Reihe von neuen, modernen Medien zur Verfügung wie z.B. Notebook, Data-/Videoprojektor, Plasma/LCD-Bildschirme, Elektronisches Whiteboard, Dokumentenkamera, Digitale Videokamera usw. Die meisten davon sind für klassische 20-minütige Präsentation nicht nötig, also erläutere ich nur kurz die Vorteile und Nachteile von

➢ **Notebook inkl. PowerPoint Präsentation + Beamer** – für verschiedene Gruppengrößen möglich, vielfältige Aufarbeitung möglich (Audio, Video, Bildern, Daten, Diagramme...), Folien gut an die bestimmte zuhörergruppe anpassungsfähig. Nachteil: Gefahr dass - zu wenig Kontakt zum Publikum, - eine technische Panne, - das Format den Inhalt überschattet, - mit zu vielen und zu vollen Folien die Teilnehmer zu „erschlagen".

Generell ist es ratsam bei einer Präsentation mit Medien sehr überlegt vorzugehen. Der Mensch könnte durch zu viel Technik in den Hintergrund gedrängt sein und die Zuhörer passiv bleiben, der Dialog wird gehemmt. Trotzdem ist Visualisierung in passende Art und Länge wichtig und hilfreich. Sie kann Aufmerksamkeit auch wecken, Kernbotschaft verankern, sprachliche Ausführung verständlicher machen, konkrete Realität abzubilden.[6] Wie es die Forschung vom Werner Kroeber-Riel nachgewiesen hat, ist die menschliche Gedächtnisleistung bereits 5 Minuten nach Darbietung von Bildern (34%) im Vergleich zur Konkreten- (26%) oder Abstrakten- (12%) Wörtern deutlich höher[7]. Es ist aber wünschenswert gewisse Regeln dabei einzuhalten wie z.B.:

• nicht zu viele Folien, nicht zu volle Folien
• einheitliche Aufbau – Lay-out, Sparsamer Farbeneinsatz

---

[6] Vgl. Thiele A. 2000
[7] Vgl. Kroeber-Riel 1993

- Schriftart und Schriftgröße an das Publikum, Thema, Branche und Präsentationsraum anpassen

Die Medienauswahl soll womöglich gut zu der Zuhörergruppe passen. **Konsequente Kundenorientierung sollte den gesamten Präsentationsprozess begleiten!**
In meiner Präsentation habe ich drei Medien zur Verfügung, die ich auch alle einsetze. Es handelt sich um einen PC mit PowerPoint Präsentation, ein Flipchart und eine Whiteboard Tafel. Die präsentierten Folien werde ich teilweise auch ausdrucken und als Handout am Ende der Präsentation zur Verfügung stellen. Gleichzeit wird als Teil dieses Handouts eine Liste mit Quellen beigelegt um die Möglichkeit zu geben, nachträglich noch Infos zum Thema nachzulesen.

- *Auf der WB-Tafel werde ich die Gliederung der Präsentation abbilden, damit sich die Zuhörer jeder Zeit orientieren können bei welchem Punkt (Thema) wir uns gerade befinden.*
- *Das Flipchart wird für Übungen und spontane Zeichnungen dienen*
- *Das Notebook mit PowerPoint Präsentation wird mein Vortrag in der ganze Länge nach Bedarf begleiten (ca.9-10 Folien)*

1.7. Technische und organisatorische Vorbereitung

Damit die Präsentation möglichst reibungslos läuft ist es ratsam die Ausstattung und räumliche Anordnung vorab zu überprüfen und optimieren. Dies ist entweder persönlich durchzuführen oder nach Absprache mit dem Veranstalter schriftlich zu veranlassen.
Nicht zu vernachlässigen ist meine persönliche Vorbereitung. Es versteht sich von selbst, dass ich entsprechend mit Dresscode und Styling angepasst bin. Zwei Tage vor der Präsentation ist meine inhaltliche, rhetorische und technische Vorbereitung beendet.

2. DURCHFÜRUNG DER PRÄSENTATION

Nachdem ich alles sehr sorgfältig vorbereitet und auch fleißig einstudiert habe, sollte diese „heiße" Phase mit einem Erfolg zur Ende gehen.

2.1. Vorbereitung vor Ort

Es ist wichtig mit genug Vorzeit am Ort der Präsentation zu sein um alle technischen Gegebenheiten zu prüfen und sich mit dem Raum und Umgebung vertraut zu machen. Für mich ist es optimal 1 ½ Stunde vor der Präsentation am Ort und Stelle zu sein.

2.1.1. Technische Vorbereitung vor Ort

Zuerst ist es wichtig der Arbeitstisch für mich richtig zu positionieren, Medien zu kontrollieren (Kompatibilität Laptop/Beamer) und falls nötig noch anpassen. Die Sitzordnung und auch die gewünschten Medien sollten bereits von Veranstalter aufgebaut sein inkl. dazugehörige Hilfsmittel (Fernbedienung für Beamer, Stifte, Schwämme…), eine Fernbedienung für mein Laptop und ein Laser Pointer habe ich selbst dabei. Ich kontrolliere noch kurz ob alle Zuhörer auch freien Blick auf die Leinwand haben, prüfe ob auch die Teilnehmer hinten im Raum Infos auf den Medienflächen lesen können. Auf die WB-Tafel schreibe ich meine Agenda und bereite mir auf dem Flip Chart das „Gerüst" für die geplante Übung (Logische Gruppe, Logische Kette) die beim Punkt „1.4.3. Fakten und Aussagen logisch zusammensetzen" durchgeführt wird, Dauer ca.5-7 Minuten.

2.1.2. Inhaltliche Vorbereitung vor Ort

Ich gehe meine Präsentation noch einmal gedanklich durch und lege für mich schon mal fest wo ich die Begrüßung und Einleitung sprechen werde, wo und wohin ich mich beim Präsentieren am besten bewegen kann und wo es nicht so günstig wäre. Ich überprüfe nochmal meine „Stichwort-Kärtchen", die ich mir bei der Vorbereitung erstellt habe. Damit bin ich sicher, dass ich den roten Faden nicht verliere denn „ich habe somit mein Konzept in der Hand" und kann jetzt „entspannt" auf meine Zuhörer warten bzw. mich mit Ihnen bekannt machen. Es ist eine gute Gelegenheit von den Teilnehmern nochmal deren Erwartungen und Motivation zur heutigen Präsentation abzufragen. Dies gibt mir mehr Sicherheit im Umgang mit der Gruppe und baut schon mal die Beziehung zu den Zuhörern auf, denn ab sofort bin ich nicht „nur" der Präsentator sondern auch ein „Beziehungsmanager". Wie Paul Watzlawick gesagt hat: „Jede Kommunikation hat einen Inhalts- und einen Beziehungsaspekt". Es sagt uns, dass das Inhaltspaket die Aufgabe hat Informationen zu vermitteln. Der Beziehungsaspekt gibt Aufschluss darüber, wie die Beziehung vom Empfänger aufgefasst wird.[8]

2.2. Präsentation durchführen

Das Beziehungspaket entscheidet also enorm über den Erfolg oder Misserfolg meiner Präsentation. Denn nur wenn mich die Teilnehmer sympathisch, seriös und kompetent finden, werden Sie auch mit Interesse und Respekt meinen Vortrag und die Präsentation verfolgen.

---

[8] http://www.paulwatzlawick.de/axiome.html

Ich fange also an, stelle mich und mein Berufswerdegang vor. Es fällt mir schon ziemlich leicht denn, ich habe mich mit den Teilnehmern bereits bekannt gemacht und kann somit selbstsicher vor der Gruppe stehen und mich auf den Ablauf voll konzentrieren. Kurz erläutere ich Ziel und Nutzen- sowie den Ablauf der Präsentation und die Agenda, die auch für die ganze Zeit für alle gut sichtbar auf der WB-Tafel aufgeschrieben bleibt (ca.3 min). In die Präsentation steige ich mit einem, meine Meinung nach sehr passendem Zitat ein:

„Die Definition von Wahnsinn ist, immer wieder das Gleiche zu tun und andere Ergebnisse zu erwarten" – Albert Einstein

Denn, heute sind wir alle da, damit wir in Zukunft etwas anders machen und andere, bessere Ergebnisse erzielen! Ablauf wird genauso sein, wie ich mein Konzept erstellt habe. Ich spreche frei, mit Unterstützung von meinen Stichwort-Kärtchen, in denen auch der Einsatz von Medien gut und übersichtlich gekennzeichnet ist. Somit verliere ich den Roten Faden nicht. Ich halte einen gesunden Blickkontakt zur meinen Zuhörern um den Beziehung Status kontinuierlich aufzubauen, die Wertschätzung entgegenzubringen und gleichzeitig die Reaktionen rechtzeitig zu erkennen. Die Präsentation läuft nach Plan, gut dass ich auch kleinen Zeitpuffer eingebaut habe. Es kommen einige konstruktive Fragen, was mich freut, denn es zeigt mir das Interesse und ich muss nicht jedes Mal dabei mein Laptop ausschalten. Meine positive Einstellung zu Thema, zu den Zuhörern und schließlich auch zu mir, lässt die geplanten 20 Minuten Blitzschnell vergehen in eine tolle respektvolle Atmosphäre und schon sind wir am Ende der Präsentation! Es hat alles geklappt! Ich fasse in zwei Sätzen alles Wichtige zusammen. Ich bedanke mich bei der Gruppe für Ihre Interesse und Aufmerksamkeit und schließe mein Vortrag mit einem aufrufenden Zitat ab:

„Du musst nicht spitze sein um anzufangen. Aber Du musst anfangen um spitze zu werden!" – Zig Zagler

Ein begeisterter Applaus lässt darauf schließen, dass die Präsentation ein Erfolg war! Ich verteile noch die ausführlichen Handouts (mit Quellen zum Nachlesen) und die Gruppe ist auch schon in einer regen Diskussion bei der sich alle sehr aktiv beteiligen.

3. NACHBEARBEITUNG DER PRÄSENTATION - Fazit

Für die Nachbearbeitung der Präsentation führe ich noch paar Feedbacks Gespräche mit meinen Zuhörern aber auch mit dem Veranstalter, dabei schreibe ich mir wichtige Notizen auf. Ich würde explizit für meine überzeugende Kompetenz, Begeisterung für das Thema, meine Glaubwürdigkeit, meine positive Ausstrahlung und Authentizität gelobt. Über Nacht lasse ich das ganze nochmal Revue passieren um am nächsten Tag ein „Bericht" für mich zu schreiben, damit ich aus den wertvollen und oft auch konstruktiven Ideen und Anregungen für nächste Präsentation schöpfen kann. Zur diesem Bericht gehört für mich natürlich auch eine detaillierte Zielerreichungsanalyse.

(3d) PowerPoint Folie – ausgewählt „Logische Kette" nach B.Minto

Als Beispiel habe ich die Folie ausgewählt die das Pyramiden-Prinzip von Barbara Minto erklärt, in dem Fall die „Logische Kette". Die Folie werde ich bei Punkt „1.4.3. Fakten und Aussagen logisch zusammensetzen" präsentieren zusammen mit noch einer Folie die eine „Logische Gruppe" zeigt. Auf der Folie habe ich versucht ganz einfach zu erklären wie dieses Prinzip funktioniert, verbunden mit der Kernbotschaft meiner Präsentation: *„mit Perfekte Präsentationstechnik zum Erfolg im Berufs- und Privatleben"*

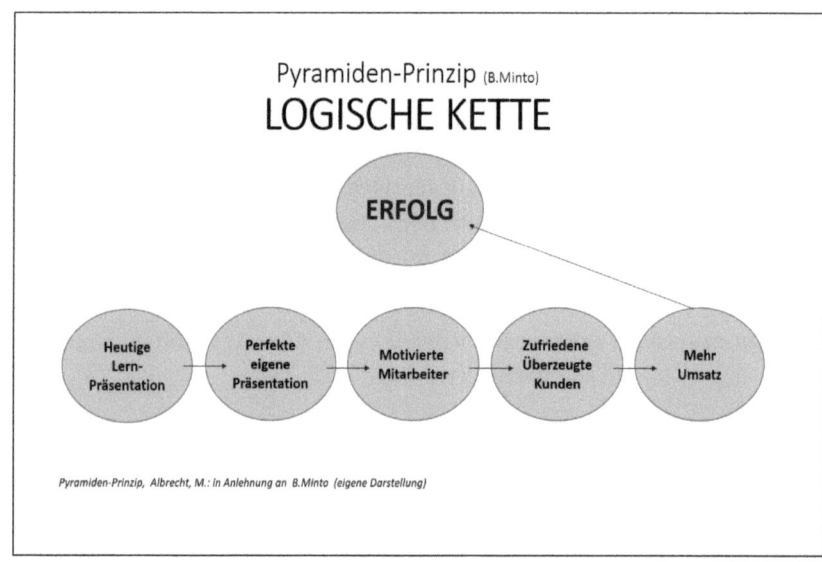

Abbildung 1: Text-Chart aus der Präsentation „Wichtig ist RICHTIG zu präsentieren" Albrecht, M. (eigene Darstellung)

Die Folie erklärt absolut verständlich warum wir die Präsentation überhaupt machen und wie der angestrebte ERFOLG zu erreichen ist. Sie zeigt folgenden logische „Schritte" auf dem Weg zum ERFOLG:

Nach der heutigen Präsentation (Kästchen 1) sind die Zuhörer in der Lage eigene perfekte Präsentationen zu erstellen (Kästchen 2). Mit der perfekten Präsentation werden die Zuhörer dann die eigenen Mitarbeiter begeistern und motivieren (Kästchen 3). Völlig motivierte Mitarbeiter werden mit ihrer Begeisterung und dem Feuer für das angebotenes Produkt die Kunden anstecken und diese wiederum werden bestimmt keine Minute mehr warten und sofort die einzigartige Ware bestellen, wo möglich noch in doppelter oder Dreifacher Menge (Kästchen 4), denn so ein „Knaller" ist bestimmt schnell ausverkauft! Damit wird logischer Weise mehr Umsatz erwirtschaftet(Kästchen 5) und der ERFOLG ist somit gesichert (Kästchen 6) und das sowohl auf dem Karriereleiter als auch Finanziell!

Die Kette zeigt also eindeutig eine logisch zusammengestellte Aussage nach B.Minto.

Rhetorisch und Graphisch erfüllt die Folie das Streben nach „einfach" aber trotzdem „verständlich und überzeugend" den Inhalt zu präsentieren. Sie beinhaltet nur ein paar Schlüsselworte die in einer Kette nur EINE Kernaussage darstellt. Somit habe ich mich hier aber auch bei anderen Punkten der optimalen Folien Gestaltung an die Theorie von Albert Thiele gehalten.

o Die Grafik zeigt eine aussagekräftige Überschrift, die anregend und neugierig macht, denn „logisch" klingt positiv und ist meinen Teilnehmern bestimmt nicht fremd, außerdem ist das auch die offizielle Bezeichnung für die erklärte Technik.
o Der Inhalt ist in angemessene Form und Menge dargestellt, überfordert nicht, ist gut lesbar. Mindestens 30% der Folien Fläche ist frei und die „Botschaft" ist in nur drei Schriftgrößen geschrieben, was auch zur Harmonie des Bildes führt[9]
o Farblich ist die Darstellung dezent in der Kombination weiß-hellblau-schwarz. Blau habe ich bewusst als Farbe der Leistung, Klugheit und Wissenschaft[10] gewählt.

---

[9] Vgl. Thiele, A.: 2000
[10] http://www.beta45.de/farbcodes/theorie/heller.html

Damit die Präsentation gut wirkt und auch nachhaltig in Erinnerung bleibt, versuche ich mich auch bei der Folien Projektion nach den Erkenntnissen vom Albert Thiele zu richten und präsentiere die Text-Charts „Hirngerecht" (1.Phase: Folien ankündigen, 2.Phase: Folien zeigen – kurze Pause, 3.Phase: Folien erklären, 4.Phase: Folien abschließen)[11]

(3e) Warum ist meine Präsentation ein Erfolg?

Meine Präsentation war erfolgreich vor allem weil ich sie voll und ganz Kundenorientiert vorbereitet und durchgeführt habe. Ich habe versucht mich von Anfang an in die Rolle des Zuhörers zu versetzen. Eine rechtzeitige und intensive Inhaltsvorbereitung hat mir geholfen Kompetent und sicher den Vortrag durchzuführen. In Anlehnung an Theorien von Albert Thiele (ETHOS Spektrum-Analyse[12]) und Barbara Minto (Pyramidenstruktur[13]) ist es mir gelungen die Fakten gut zu selektieren und in überzeugende Argumente zu übertragen. Durch das 4-Mat-System[14] des beiden Theoretikern David Kolb und Bernice McCarthy waren meine Argumente und Inhalte an alle Lerntypen angepasst und somit verständlich, aktuell aber auch nachhaltig. Die „Verständlichmacher"[15] nach Theorie von Friedemann Schulz von Thun waren für die Einfachheit, Struktur und Ordnung meiner Präsentation zuständig. Meine kurzen und prägnanten Aussagen, untermauert durch meine Erfahrungen und zusätzlich auch die bildliche Sprache hat meine Kompetenz bewiesen und die Akzeptanz bei den Teilnehmern erhöht.

Die Auswahl von Medien war gelungen und hat die Präsentation sehr gut unterstützt. Der Wechsel zwischen PowerPoint Präsentation und Flipchart hat für Abwechslung gesorgt und damit stets die Aufmerksamkeit und Mitarbeit von Zuhörern gefordert. Die power Point Präsentation hat sich aus 10 Folien mit einfachen und knackigen Aussagen zusammengestellt (2 Folien davon waren Zitate), die Zuhörer waren also gut informiert aber nicht, mit Zuviel Informationen, erschlagen. Das Layout der Folien selbst habe ich schlicht aber aussagekräftig kreiert. Jede Folie hatte stets eine Information dargestellt die in eine verständliche und überzeugende Kernaussage gut verpackt war. Zusätzlich habe ich paar weiße Folien eingebaut um die

---

[11] Vgl. Thiele, A.: 2000
[12] Vgl. Thiele, A.: 2000
[13] Vgl. Arenberg, P.: 2015, Studienbrief, Kreativitäts- und Präsentationstechniken 0246-04, S.40
[14] https://kulturmanagement.wordpress.com/2008/04/28/die-frage-nach-dem-warum-mit-hilfe-des-4-mat-systems-beantworten
[15] Vgl. Schulz von Thun F. 1981, S.160-170

Möglichkeit zu haben bei kurzem Austausch mit dem Publikum auch in der bildliche Präsentation stehen bleiben zu können, ohne dass es stört. Die Agenda, die ganze Zeit auf der WB-Tafel aufgeschrieben war, hat auch zu gute Orientierung im Ablauf gesorgt.

Ich habe eine vertrauensvolle Basis geschafft, kompetent mein Vortrag durchgeführt und mit gegenseitigen Respekt mit meinen Zuhörern auch mal diskutiert. Es ist mir gelungen die Teilnehmer authentisch und sehr überzeugend „an Hand zu nehmen" und durch den Labyrinth der Präsentations-erstellung verständlich und motivierend durchzuführen. Folgende wichtige Punkte haben wir ausführlich besprochen: Problem Identifizieren, Lösung Vorschlagen, Ziele setzen, Vorbereitung einer Präsentation, Durchführung einer Präsentation, Nachbearbeitung einer Präsentation

und somit ist das Rezept zur erfolgreichen Präsentationszusammenstellung Komplett. Mit diesem Leitfaden, besprochenen Details dazu und zusätzlich mit überzeugender Argumentation sind meine Zuhörer motiviert und begeistert gut auf die neuen Aufgaben vorbereitet.

Meine Aufgabe als „Beziehungsmanager" konnte ich ebenso mit Bravour erfüllen und bin mir sicher, dass ich mit dem einem oder anderem Teilnehmer bzw. Veranstalter in Verbindung bleibe. Manche Führungskräfte haben mir sogar bereits weitere Zusammenarbeit angeboten.

Rhetorisch habe ich mich bemüht stets sicher und positiv aufzutreten, glaubwürdig, überzeugend und wirkungsvoll zu sprechen. Ich habe auf die gute Artikulation geachtet, das Tempo und die Lautstärke nach Bedarf angepasst[16].

Ich hoffe somit, dass ich einen guten, bleibenden Eindruck hinterlassen habe und dass es mir gelungen ist die Inhalte meiner Präsentation an die Teilnehmer nachhaltig verständlich zu übermitteln.

(3f) Lernerkenntnisse:

Diese Arbeit war für mich sehr lehrreich. Es ist schon durchaus mehrmals vorgekommen, dass ich eine Präsentation erstellen sollte. Mit eine Dramaturgie oder sogar Theorie des Erstellens habe ich mir allerdings nie Gedanken gemacht. Höchstens war mir wichtig, dass die Folien anschaulich

---

[16] Vgl. Thiele A. 2000

sind. Ich bin mir leider ziemlich sicher, dass die Präsentationen zwar inhaltlich korrekt waren, bestimmt aber nicht packend und meine Zuhörer waren vermutlich nicht begeistert oder sogar „Feuer und Flamme" für das besprochene.

- Ich habe mich bis jetzt definitiv mit keinen Theorien zur Erstellung eine Präsentation befasst, ich war froh wenn ich es zeitlich geschafft habe die Inhalte korrekt und vollständig zusammen zu stellen.
- Als Lehrgewinn sind für mich Wissenschaftliche Erkenntnisse zum Thema Präsentationen. Ich bin mir sicher, dass ich durch die unzählige konkrete Tipps und Hilfreiche Hinweise in der Zukunft viel schneller und mit mehr Professionalität meine Präsentationen erstellen kann.
- Mir ist bewusst geworden, wie meine Folien teilweise unübersichtlich Waren, mit zu viel Infos. Gleichzeitig habe ich endlich eine Lösung an der Hand, mit der ich mich bei der nächsten Präsentationsvorbereitung nicht mehr verzetteln muss. Auch habe ich erkannt, dass ich Inhalte und Argumentation nur an meine Bedürfnisse angepasst habe und nicht an die verschiedene Lerntypen gedacht.
- Ich vermute, dass ich in der Zukunft bei Erstellung einer Präsentation vieles anders machen muss, z.B. mich mehr in die Rolle des Zuhörers reinzusetzen. Die Tatsache, dass jeder Mensch meine Botschaften unterschiedlich aufnimmt und dadurch auch anders versteht ist eine sehr hilfreiche Erkenntnis und wird definitiv eine große Rolle bei meine nächste Präsentation spielen. Ich werde mich mit den richtigen und wichtigen Kernaussagen befassen, damit die Folien nicht mit unwichtigen Fakten gefüllt sind, die von den Wichtigen Informationen ablenken.

Literaturverzeichnis

Arenberg, P.: Studienbrief, Kreativitäts- und Präsentationstechniken 0246-04, SRH Fernhochschule Riedlingen 2015

Kroeber-Riel, W.: Bildkommunikation. Verlag Vahlen München 1993

Neuburger, R.: Karriere-Strategie. Compakt Verlag München 2008

Preiser, S./ Buchholz, N.: Kreativität. Asanger Verlag. Kröning 2008

Schulz von Thun, F.: Miteinander reden: 1. Störungen und Klärungen. Allgemeine Psychologie der Kommunikation. Rowohlt Taschenbuch Verlag, Reinbeck bei Hamburg 1998, Sonderausgabe 2014

Schulz von Thun, F.: Miteinander reden: 3. Das „Innere Team" und situationsgerechte Kommunikation. Kommunikation, Person, Situation. Rowohlt Taschenbuch Verlag, Reinbeck bei Hamburg 1998, Sonderausgabe 2014

Thiele, A.: Die Kunst zu überzeugen. Faire und unfaire Dialektik. 8.Auflage. Springer-Verlag Berlin Heidelberg 1994, 1998, 2002, 2006

Thiele, A.: Innovativ Präsentieren. F.A.Z.-Institut für Management-, Markt- und Medieninformationen. Frankfurt am Main 2000

Wenninger, G. / Eigenstetter, M.: Inhalte anschaulich machen. Asanger Verlag. Heidelberg 2003

Internetquellenverzeichnis

Ohne Verfasserangabe: Farbcodes Theorie

URL: http://www.beta45.de/farbcodes/theorie/heller.html (11.02.2018)

Ohne Verfasserangabe: Kulturmanagement Block

URL: https://kulturmanagement.wordpress.com/2008/04/28/die-frage-nach-dem-warum-mit-hilfe-des-4-mat-systems-beantworten (11.02.2018)

Ohne Verfasserangabe: Redenwelt.de

URL: http://redewelt.de/eintelansicht/tipp/aufmerksamkeit-6-tricks-mit-denen-sie-ihr-publikum-fesseln.html (23.09.2017)

Ohne Verfasserangabe: Job&Psycholgie

URL: http://karrierebibel.de/Präsentationtechniken (23.09.2017)

Watzlawick, P.: 5 Axiome

URL: http://www.paulwatzlawick.de/axiome.html (11.02.2018)

Abbildungsverzeichnis

Abbildung 1: Text-Chart aus der Präsentation „Wichtig ist RICHTIG zu präsentieren" Albrecht, M. (eigene Darstellung)

Abkürzungsverzeichnis

Ca.: Circa

Usw.: und so weiter

z.B.: zum Beispiel